EMG3-0121　J-POP CHORUS PIECE
合唱楽譜＜J-POP＞

合唱で歌いたい！J-POPコーラスピース

混声3部合唱

クリスマスソング

作詞・作曲：清水依与吏　　合唱編曲：西條太貴

●●● **曲目解説** ●●●

　人気バンド、back numberが2015年にリリースした一曲です。圧倒的なクオリティーの楽曲と卓越した表現力で若者から絶大な人気を誇るback number。彼らが歌うこの曲は、クリスマスを題材にしたラブソングで、多くの人の共感を呼んだ大ヒットナンバーです。冬の名曲を混声3部合唱で歌い上げてみてください。

クリスマスソング

作詞・作曲：清水依与吏　合唱編曲：西條太貴

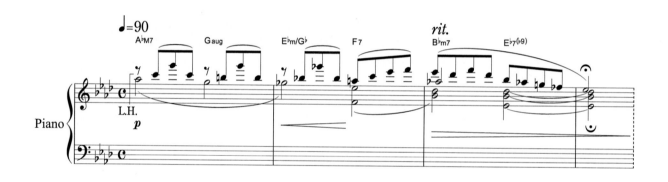

© 2015 by FUJIPACIFIC MUSIC INC. & HORIPRO INC.

クリスマスソング

作詞:清水依与吏

どこかで鐘が鳴って
らしくない言葉が浮かんで
寒さが心地よくて
あれ　なんで恋なんかしてんだろう

聖夜だなんだと繰り返す歌と
わざとらしくきらめく街のせいかな

会いたいと思う回数が
会えないと痛いこの胸が
君の事どう思うか教えようとしてる
いいよ　そんな事自分で分かってるよ
サンタとやらに頼んでも仕方ないよなぁ

できれば横にいて欲しくて
どこにも行って欲しくなくて
僕の事だけをずっと考えていて欲しい
でもこんな事を伝えたら格好悪いし
長くなるだけだからまとめるよ
君が好きだ

はしゃぐ恋人達は
トナカイのツノなんか生やして
よく人前で出来るなぁ
いや　羨ましくなんてないけど

君が喜ぶプレゼントってなんだろう
僕だけがあげられるものってなんだろう

大好きだと言った返事が
思ってたのとは違っても
それだけで嫌いになんてなれやしないから
星に願いをなんてさ　柄じゃないけど
結局君じゃないと嫌なんだって
見上げてるんだ

あの時君に
出会って　ただそれだけで
自分も知らなかった自分が次から次に

会いたいと毎日思ってて
それを君に知って欲しくて
すれ違う人混みに君を探している
こんな日は他の誰かと笑ってるかな
胸の奥の奥が苦しくなる

できれば横にいて欲しくて
どこにも行って欲しくなくて
僕の事だけをずっと考えていて欲しい
やっぱりこんな事伝えたら格好悪いし
長くなるだけだからまとめるよ
君が好きだ

聞こえるまで何度だって言うよ
君が好きだ

MEMO

MEMO

エレヴァートミュージックエンターテイメントはウィンズスコアが
展開する「合唱楽譜・器楽系楽譜」を中心とした専門レーベルです。

ご注文について

エレヴァートミュージックエンターテイメントの商品は全国の楽器店、ならびに書店にてお求めになれますが、店頭でのご購入が困難な場合、下記PC&モバイルサイト・FAX・電話からのご注文で、直接ご購入が可能です。

◎PCサイト&モバイルサイトでのご注文方法

http://elevato-music.com

上記のアドレスへアクセスし、WEBショップにてご注文ください。

◎FAXでのご注文方法

FAX.03-6809-0594

24時間、ご注文を承ります。上記PCサイトよりFAXご注文用紙をダウンロードし、印刷、ご記入の上ご送信ください。

◎お電話でのご注文方法

TEL.0120-713-771

営業時間内に電話いただければ、電話にてご注文を承ります。

※この出版物の全部または一部を権利者に無断で複製(コピー)することは、著作権の侵害にあたり、著作権法により罰せられます。

※造本には十分注意しておりますが、万一、落丁・乱丁などの不良品がありましたらお取り替えいたします。また、ご意見・ご感想もホームページより受け付けておりますので、お気軽にお問い合わせください。